铁路货运岗位作业培训教材

铁路专用线货物运输

《铁路货运岗位作业培训教材》编委会　编

中国铁道出版社有限公司

2023年·北　京

内 容 简 介

本书为《铁路货运岗位作业培训教材》中的一种，内容包括概述、专用线基本作业、专用线监督管理、事故案例与问题解析等。本书立足国家职业标准、铁路行业标准、规章制度的要求，结合新技术、新设备、新业务的发展与运用，重点突出铁路专用线作业人员应知应会、实作技能、应急处置、案例分析，具有较高的科学性、规范性和实用性。

本书可供铁路专用线作业人员培训与自学使用，也可作为相关管理人员的参考用书。

图书在版编目（CIP）数据

铁路专用线货物运输/《铁路货运岗位作业培训教材》编委会编．—北京：中国铁道出版社有限公司，2021.6（2023.11重印）
铁路货运岗位作业培训教材
ISBN 978-7-113-27859-5

Ⅰ．①铁… Ⅱ．①铁… Ⅲ．①专用铁路-铁路运输-研究-岗位培训-教材 Ⅳ．①U239.8

中国版本图书馆 CIP 数据核字（2021）第 059305 号

书　　名：**铁路专用线货物运输**
作　　者：《铁路货运岗位作业培训教材》编委会

责任编辑：秦绪涛　　**编辑部电话**：（010）51873024
封面设计：郑春鹏
责任校对：孙　玫
责任印制：高春晓

出版发行：中国铁道出版社有限公司（100054，北京市西城区右安门西街 8 号）
网　　址：http://www.tdpress.com
印　　刷：河北宝昌佳彩印刷有限公司
版　　次：2021 年 6 月第 1 版　2023 年 11 月第 2 次印刷
开　　本：880 mm×1 230 mm　1/32　**印张**：1.5　**字数**：26 千
书　　号：ISBN 978-7-113-27859-5
定　　价：10.00 元

编委会

主　　任：张轶弘　魏文芳

副主任：文会春　汤　罡　李伟维

主　　编：舒　衍　李　伟　朱　虹

编写人员：丘志四　潘广仁　刘木校

孙德键

前　言

当前，我国铁路事业实现了长足发展，高速铁路、高原铁路、高寒铁路、重载铁路等领域技术已达到世界领先水平。近年来，一批新建和改造的货场、物流基地投产，货车、装卸设施设备更新升级，货运信息化建设水平提高，都为货运发展植厚了根基，同时也对货运系统职工队伍素质提出了新的更高要求。

人才培养，是新时代提高服务质量、保障运输安全的基石；职工培训，是满足铁路向现代物流企业转型、提供高素质技能人才支撑的重要途径。铁路货运业务涉及范围广，岗位工种分类细，规章数量多、关联性强、修改频繁，迫切需要梳理和建立一套完善的专业培训教材。教材不仅是劳动者终生教育和职业生涯发展的主要工具，而且是提高培训质量的重要保障。为此，广州局集团公司聚焦“交通强国、铁路先行”，组织开发了实用性、针对性、操作性强的《铁路货运岗位作业培训教材》。

《铁路货运岗位作业培训教材》由广州局集团公司货运部、职工培训部共同牵头组织，广州货运中心、长沙货运中心、衡阳职工培训基地分工负责，集中了优秀工程技术人员、工匠、首席技师编写及审定。教材涵盖了铁路货运基础知识、铁路货运票据电子化、铁路货运劳动安全、货物装载加固及超限超重运输、铁路集装箱运输、铁路鲜活货物运输、铁路货物班列运输、铁路货车篷布运用、铁路专用线货物运输、铁路货物保价及损失处理、特种设备和特种作业、铁路货运计量安全检测设备运用、铁路抑尘作业、铁路货物运输计费 14 个方面的专业内容。教材坚持继承与创新相结合，充分体现了新技术、新设备、新业务的发展与运用；教材坚持科学性与规范性，依据铁路行业标准的基本要求编写，准确体现了国家职业标准、铁路行业标准、规章制度的要求；教材坚持实用可行性原则，重点突出了应知应会、实作技能、应急处置、案例分析，既便于现场职工培训与自学，又利于管理人员提高工作水平。

本套教材适用于货运各工种适应性培训，也适用于职工新职、转岗、晋升的资格性培训和职业技能鉴定培训。在教材编写与审定过程中，得到了湖南高速铁路职业技术学院、北京扬天科技有限公司以及广州局集团公司有关部室、单位的大力支持，在此一并表示感谢。

《铁路货运岗位作业培训教材》编委会

2021 年 5 月

目　　录

第一章　概　　述

第一节　专用线简介

铁路专用线、专用铁路是铁路网的延伸部分，也是铁路运输网的重要环节。在政策文件和数据统计中，“铁路专用线”通常包括“铁路专用线”和“专用铁路”两部分。铁路专用线、专用铁路承担着工矿企业的煤炭、铁矿石、有色金属、石油、粮食以及危险货物、大型机械等货物的装卸和运输任务，完成铁路70%以上的装卸作业量，是铁路运输系统中重要的组成部分。

1. 铁路专用线

铁路专用线是指由企业或者其他单位管理的与国家铁路或者其他铁路线路接轨的岔线。铁路专用线一般由企业委托铁路代为修建和养护维修，车辆取送作业由铁路的机车办理。

2. 专用铁路

专用铁路是指由企业或者其他单位管理，专为本企业或者本单位内部提供运输服务的铁路。专用铁路多数是大中型企业投资修建，自备机车。

3. 办理限制和使用标记

专用线(包括专用铁路,下同)办理的货物运输品类,应符合《铁路专用线专用铁路名称表》的规定。需要变更时,要经铁路局集团公司批准,由中国国家铁路集团有限公司(简称国铁集团)公布后执行。专用线办理铁路集装箱运输时,由铁路局集团公司确认满足规定条件后,将以下内容报国铁集团货运部公布:车站名称、专用线名称、起重能力、办理箱型、危险货物运输办理情况。

A类专用线:托运人和收货人只能是专用线名称栏列出的单位。

B类专用线:托运人和收货人还可以是与车站和专用线产权单位签订了共用协议的其他单位。向标注为"B"类的专用线发货时,收货人是否符合上述规定,由托运人负责确认。

C类专用线:由共用单位、产权单位签订共用协议,并报接轨货运站备案后执行。

4. 货运营业办理限制

△(货):不办理货运营业,没有专用线、专用铁路货运作业。

△(牲):站内不办理活牲畜到达。

△(湿):站内不办理怕湿货物发到。

△(散):站内不办理散装货物发到。

(专):仅办理专用线、专用铁路货运作业,具体办理内容另查《铁路专用线专用铁路名称表》。

(路):站内仅办理路用货物发到。

[危]:站内办理危险货物运输,具体办理内容另查《铁路办理站危险货物办理限制》。

以上符号中,△货和(专)是对车站货运营业范围的总体描述,适用于整车、集装箱。

第二节 专用线货运员岗位要求

专用线货运员岗位要求主要包括以下三方面。

1. 熟知专用线情况

(1)线路数量、有效长、取送车里程、一批作业车数。

(2)仓库、雨棚、站台面积,货位、装卸人力情况。

(3)装卸机械类别、型号、数量及起重能力。

(4)办理货物品类、运量。

(5)自备机车、车辆数量。

2. 掌握岗位知识

(1)铁路运输安全相关规定。

(2)货物装卸车作业程序及标准。

(3)铁路交通事故应急处置流程。

(4)货物损失处理规定。

(5)车辆基本构造及使用注意事项。

3. 其他工作要求

(1)协助专用线单位做好货车取送作业、装卸车组织等工作。

(2)在专用线运输安全协议规定地点,做好货车交接检查。

(3)及时准确填记“货车调送单”,做好双方签认工作。

(4)重点督促专用线落实按方案装车、集装箱装卸车等相关要求。

(5)督促专用线落实装卸车作业质量确认制度。

(6)做好货物码放安全距离、货车清扫、洗刷除污、门窗关闭、篷布使用和保管等情况的检查。

(7)提高专用线装车质量,严格货物(车)的交接检查,防止超载、偏重、集重、超限和坠落及匿报品名。

(8)掌握专用线企业运输员(指专用线办理交接检查、货物运输相关业务及监装监卸的人员,下同)持证情况。

(9)正确填报有关统计资料,对合理使用货车和货物装载加固进行技术指导。

第三节　专用线生产信息系统

专用线货运员在作业过程中主要使用的生产信息系统有中国铁路货运电子商务系统(简称电商系统)、铁路货运站安全监控与管理系统(简称货运站系统)、铁路集装箱运输管理信息系统一车站应用(简称集装箱系统)。

1. 电商系统

电商系统主要用于运单需求提报和受理,专用线单位可在电商系统进行装卸车操作,如图 1-3-1 所示。

图 1-3-1　电商系统登录界面

2. 货运站系统

货运站系统主要办理车辆进出交接、货车调送单签认、整车装卸等操作，如图 1-3-2 所示。

图 1-3-2　货运站系统登录界面

3. 集装箱系统

集装箱系统分为完整版和核心版，完整版、核心版均使用同一软件，通过菜单配置即可区分。集装箱系统主要办理集装箱进出门、检斤验货、装卸车等操作，如图 1-3-3 所示。

图 1-3-3　集装箱系统登录界面

第二章　专用线基本作业

第一节　专用线货运员作业流程

一、班前

1. 着装:按规定着装,穿戴劳动防护用品。

2. 参加班前会:

(1)学习上级文电精神,参加“每班一问,每班一学”班前学标活动,掌握学标内容。

(2)接受本班工作任务,掌握重点。

(3)了解当天天气情况及本班班计划。

3. 交接:与交班专用线货运员书面签认交接清楚,交接内容包括设备情况、岗位规章、工具备品、现场存车、装卸情况以及上级要求等内容。

二、班中

1. 核实现场

(1)通过相关信息系统以及企业运输员或现场确认核实现场作业情况,准确掌握专用线线路、货位、待装待卸情况、现在车和装卸人力、设备情况以及作业进度。

(2)向货运调度员了解待卸车辆及后续来车计划。

2. 沟通协调

(1)向货运调度员报告具体线路、待装货物品名、到站、请求车种、吨位、送车顺序以及专用线内作业进度情况。

(2)向企业运输员通报日班作业计划和取送车计划。

3. 入线路企交接

(1)及时通知企业运输员到现场接车对位。

(2)会同企业运输员现场逐车确认车辆技术状态良好,无通行限制;确认货物装载加固符合要求,门窗关闭、货物装载、施封无异状。

(3)在货运站系统的"路企交接"模块内与企业运输员办理路企交接签认。

(4)发现车辆技术状态不良,在货运站系统或集装箱系统"不良货车通知单"模块填写"不良货车通知单";发现货物装载加固异常时按规定处理。

4. 安排装卸车

(1)详细确认车辆货物信息(车号、车型、标重、货重、品名、件数施封等)。

(2)将相关装卸作业信息通过系统或书面传达给专用线运输员,由其组织装卸作业。

5. 作业结束报点

现场作业完毕后,通过货运站系统或集装箱系统进行作业完毕报点。

6. 出线路企交接

(1)会同专用线运输员现场对装卸作业完毕车辆进

行质量检查确认。

(2)检查确认符合要求后,进行拍照或摄像(安装交接视频且性能良好的除外)。

(3)通过货运站系统进行“调送单签认”作业。

三、班后

1. 交接准备

(1)对一班作业资料进行复核整理。

(2)清理岗位规章、备品。

(3)岗位卫生干净。

2. 交接

填写交接班簿,重点写明以下内容:设备情况、岗位规章、工具备品、现场存车及装卸情况以及上级要求等内容。记载真实、完整,与接班货运员当面签认交接清楚。

3. 参加班后会

按时参加,进行班后对标,总结分析工作情况。

第二节 交接规定

一、交接手续

专用线货运员会同企业运输员,在运输安全协议规定的地点,使用“货车调送单”按铁路规定办理交接。施封的货车凭封印交接;不施封的货车、棚车、冷藏车凭车门、窗关闭状态交接。敞车、平车、砂石车不苫盖篷布的，凭货物装载状态或规定标记交接；苫盖篷布的，凭篷布现状交接。

铁路货车篷布、企业自备篷布及需要回送的货车装备物品和加固装置，应在货车（物）交接的同时一并办理交接。上列物品，企业按有关规定或协议妥善保管或回送。

二、装车接收标准

专用线内装车的货物，车站发现有下列状况之一时，应加以改善，达到标准后接收：

1. 凭封印交接的货车，发现封印脱落、损坏、不符、印文不清或未按施封技术要求进行施封；

2. 凭现状交接的货物，发现货物装载加固状态或所作的标记有异状或有灭失、损坏痕迹；

3. 规定应苫盖篷布的货物而未苫盖、苫盖不严、使用破损篷布或篷布绳索捆绑不牢固；

4. 车门、车窗未关严（需要通风运输的货物除外），车门插销未插牢固；

5. 使用敞车、平车或砂石车装载的货物，违反《铁路货物装载加固规则》的要求；

6. 违反铁路规定的货车使用限制或特定区段装载限制。

三、入线交接

送车预、确报：车站应按企业使用车要求拨配状态良好的货车。车站在向专用线送车前，按协议规定时间，向专用线发出送车预、确报。内容包括：空、重车数，车种，货物品名，收货人，去向，编组顺序，送车时间。

路企交接流程：

1. 及时通知企业运输员到现场接车对位；

2. 会同企业运输员现场逐车交接；

3. 在货运站系统的“路企交接”模块内与企业运输员办理路企交接签认，如图 2-2-1 所示；

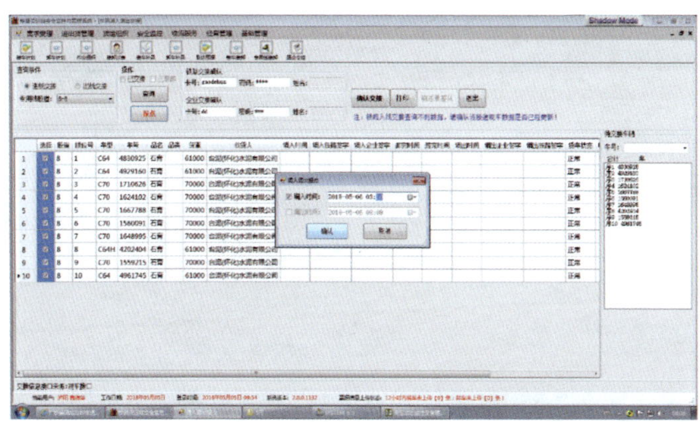

图 2-2-1　路企交接签认界面

4. 发现车辆技术状态不良，在货运站系统或集装箱系统编制“不良货车通知单”，如图 2-2-2 和图 2-2-3 所示。

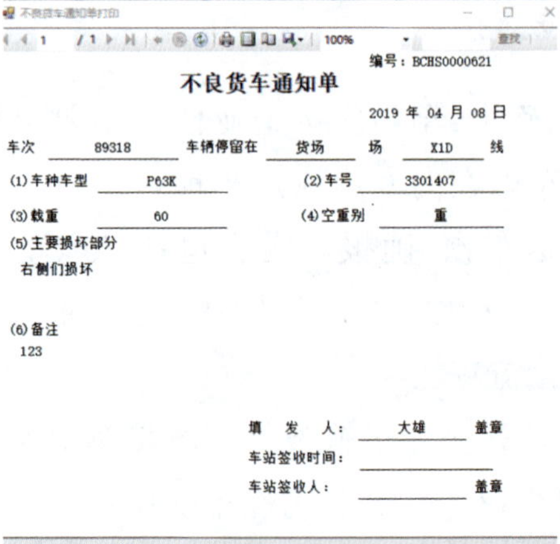

不良货车通知单打印

编号：BCHS0000621

不良货车通知单

2019 年 04 月 08 日

车次 89318 车辆停留在 货场 场 X1D 线

(1)车种车型 P63K (2)车号 3301407

(3)载重 60 (4)空重别 重

(5)主要损坏部分

右侧们损坏

(6)备注

123

填 发 人： 大雄 盖章

车站签收时间：

车站签收人： 盖章

图 2-2-2 货运站系统填制“不良货车通知单”

图 2-2-3 集装箱系统填制“不良货车通知单”

四、整车装卸报点

1. 在货运站系统进行整车装卸匹配，如图 2-2-4 所示。

2. 在货运站系统进行整车装卸报点，如图 2-2-5 所示。

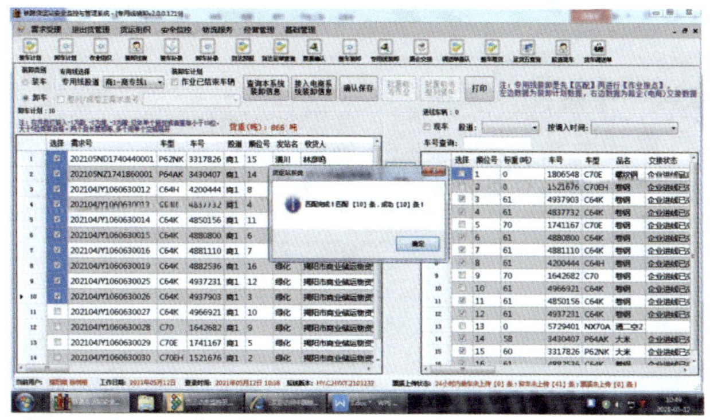

图 2-2-4　专用线装卸匹配

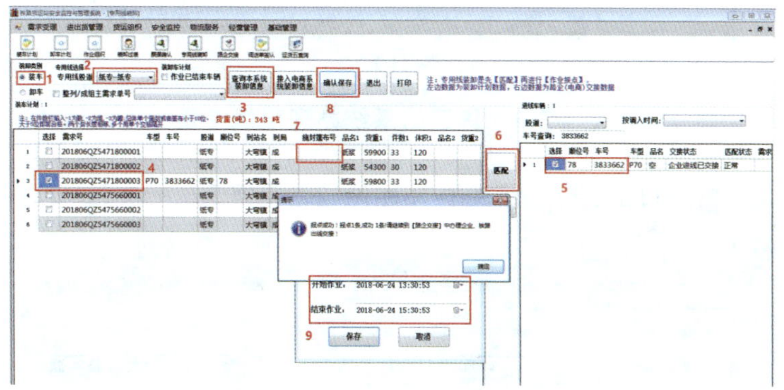

图 2-2-5　专用线装卸报点

五、出线交接

1. 会同企业运输员现场对装卸作业完毕车辆进行质量检查确认。

2. 通过货运站系统进行“出线交接”和“调送单签认”

作业，如图 2-2-6 所示。

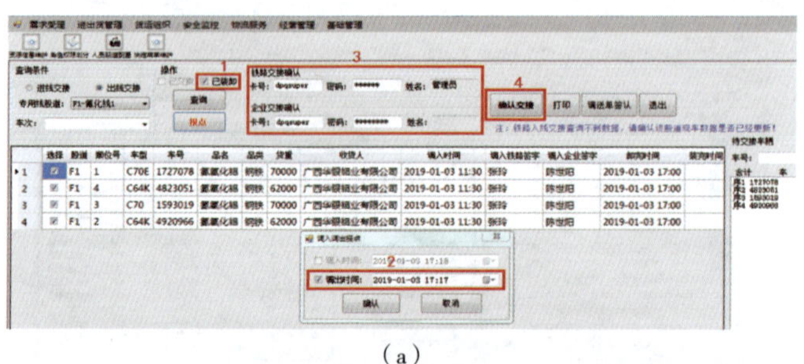

（a）

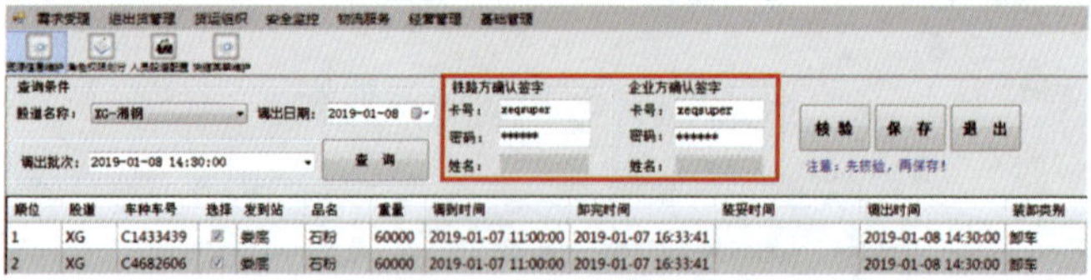

（b）

图 2-2-6　货运站系统办理出线交接

3. 打印“货车调送单”，如图 2-2-7 所示。

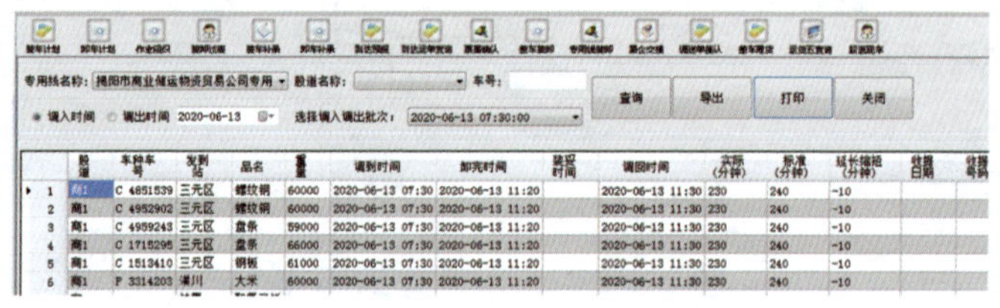

图 2-2-7　货运站系统打印“货车调送单”

六、交接重点

1. 车门、窗、盖、阀关闭情况

(1)棚车：使用 10 号镀锌铁线 1 股将两侧车门上部门扣

和门鼻捆牢拧固 3 周及以上并剪断燕尾,如图 2-2-8 所示。

图 2-2-8　棚车车门上部门鼻捆绑

(2)敞车:在敞车车门锁闭部件齐全、关闭状况良好的情况下,使用 10 号镀锌铁线 1 股在中门下插销与车体插销槽间、中门上插杆与车门间两处同时捆绑,捆绑线应捆牢拧固 3 周及以上并剪断燕尾。两种结构的敞车中门具体加固方法如图 2-2-9 所示。

(a)

(b)

图 2-2-9　敞车中门捆绑

(3)罐车:

①专用线、专用铁路企业单位装车作业前要认真对罐车阀件进行安全检查,对于罐车阀、盖等附件、配件不

齐全或作用不良的罐车，要立即补足配件或进行修理，严禁使用和排空。

②专用线、专用铁路企业单位罐车装、卸作业后，要及时关严罐车阀件，盖好人孔盖，拧紧螺栓，防止运行过程中螺栓松动或人孔盖开启，如图 2-2-10 所示。

图 2-2-10 罐车顶盖关闭，螺栓拧固

2. 篷布苫盖质量

(1)基本要求

①货物装载高度超过端侧墙 1 m 以上或有押运人乘坐的敞车不得苫盖篷布。

②篷布、篷布绳网不得作为货物加固材料使用。

③需要加固的货物必须在苫盖篷布前捆绑加固完毕。

④货车绳栓上无残留的旧绳头、铁线等废弃物。

⑤货物装载高度低于车辆端侧墙时，可安置篷布支架，支架突出部位与篷布接触处应采取防磨措施。

⑥苫盖篷布不得遮盖侧墙车梯。

(2)苫盖前质量检查

布体完整，无破损，眼圈完好，标记、号码完整清晰。

绳索齐全、完整、无接头、插接牢固，与篷布连接正确。

(3)苫盖后检查

①篷布苫盖平坦，货物不外露，两端包角密贴，两侧线条流畅。各部位不超限。

②绳索拴结、捆绑位置正确，绳结牢固，无松弛脱落，捆绑在绳栓上的绳索呈蝶翅形结，绳头余尾长度 100～300 mm。

③货车人力制动机一端篷布下垂遮盖端板部分长度 300～500 mm。货车人力制动机闸盘外露，不影响人力制动机及提钩杆使用。另一端的下垂高度 600 mm 左右，篷布过长时可超过此长度，但不得影响压绳使用。

④车辆两侧篷布下垂高度一致。

⑤篷布(包括篷布绳网)苫盖完毕后，装车单位对车辆两侧(包括篷布号码)、两端篷布苫盖状态各拍照一张，留存 3 个月。

3. 集装箱装车

集装箱装车前，必须清扫干净车地板，确认箱体、车体上无杂物。使用集装箱专用平车或共用平车时，装车前必须确认锁头齐全、状态良好；装车后必须确认锁头完全入位，箱门处的集装箱专用平车门挡或共用平车端板立起。

未安装 F-TR 型锁的集装箱专用平车或共用平车装运空集装箱时，必须使用 4 股及以上 8 号镀锌铁线捆绑牢固。其中，使用共用平车时，将集装箱底部角件与车辆捆绑牢固；使用专用平车时，将相邻两箱底部角件捆绑在一起，仅装运一箱时，将集装箱底部角件与车辆底架捆绑牢固。

端部有门的 20 英尺集装箱使用集装箱专用平车或共用平车装运时，箱门应朝向相邻集装箱；但使用 X_{3K} 和 X_{4K} 集装箱平车，两端箱位装载集装箱、中间箱位未装载集装箱时，箱门应朝向外侧门挡。

第三节 装卸车质量签认

一、危险货物签认

爆炸品、硝酸铵、剧毒品（非罐装、铁路危险货物品名表“特殊规定”栏有第 67 条特殊规定的）、气体类和其他另有规定的危险货物运输作业实行签认制度。作业应按规定程序和作业标准进行并签认。要对作业过程内容的完整性、真实性负责，严禁漏签、代签和补签。签认单保存期半年。

运输签认制度的有关要求按“铁路危险货物运输作业签认单”“铁路剧毒品运输作业签认单”“危险货物罐车作业签认单”办理。

二、超限超重货物签认

1. 车站超限超重货物发送作业质量控制表

“车站超限超重货物发送作业质量控制表”（《铁路超限超重货物运输规则》附件 9）签认要求如下：

(1)货物受理签认:主控人为办理站超限超重货物运输作业人员,互控人为办理站所属物流车间专业技术主管。

(2)装车作业签认:主控人为办理站所属物流车间专业技术主管,互控人为办理站所属物流车间主管副主任或货运中心专业技术主管。

(3)主管领导签认:原则上由货运中心主管领导签认,特殊情况时可授权货运中心专业技术主管或主管超限超重货物运输的科室负责人签认。

2. 超限超重货物运输记录

超限超重货物始发站应会同车务、车辆单位人员填写并签认"超限超重货物运输记录"。

三、进藏货物签认

装车站装运青藏线格拉段的货物,必须选择定检在两个月内不到期、不是关门车的通用货车或 J_5SQ、J_6SQ、JSQ_5、JSQ_6 型等运输汽车专用车。

发到青藏线格拉段的货物装车,装载重量不得超过货车标记载重量。进入青藏线格拉段(不含格尔木站)和拉日线的集装箱执行以下规定:重集装箱禁止使用敞车装运,空集装箱(板架式集装箱除外)禁止使用未安装F-TR型锁的集装箱专用平车装运。

装车站对装运的货物装载加固情况进行车车拍照(录像)存档,存档照片须能清晰显示所用货车的车种车型车号、车辆定检修标志、所装货物(或包装)状态、货物装载加固状态以及车门窗关闭状态。

装车后需经车间或货运站段审核同意后方可制票挂运。

第四节　货物损失处理

一、货物损失汇报

发现货物损失后，发现人员应保护现场，立即向车站负责人和货物损失处理人员报告。接到报告后，车站负责人应组织有关人员立即赶赴现场进行货物损失勘查、清理、资料收集并编制“货物损失报告”。必要时通知托运人或收货人。

发现货物被盗、火灾等情况，发现单位（人）应立即向公安、消防部门报案。货物损失涉及铁路交通事故的，应报告铁路局集团公司列车调度、安全监督管理部门；涉及车辆技术状态的，应通知车辆部门；涉及活动物或食品污染变质的，应通知防疫、检疫部门；涉及参加保险的货物，必要时应通知保险公司；涉及海关监管的货物，应通知海关监管部门；涉及环境污染的货物，应通知环保部门；必要时还应通知托运人或收货人。

发现火灾，罐车装运的压缩气体、液化气体泄漏，剧毒品、爆炸品、放射性物品被盗丢失以及估计损失款额达到一级损失等情况时，应在 1 h 内逐级报告，并在 24 h 内向有关车站、直属站段、铁路局集团公司和有关铁路公安部门以电报形式拍发“货物损失速报”，抄送国铁集团货运部。

货物发生损失不能判明发生原因和损坏程度，车站应会同收货人（托运人）或物流企业进行损失鉴定，必要时邀请有鉴定能力的第三方机构进行鉴定。损失鉴定应在发现站现场就地进行，现场难以鉴定时，经与收货人（托运人）协商同意后，可移至适当场地进行鉴定。

二、“货物损失报告”编制

“货物损失报告”应由货运员根据现场勘查情况，在发现当日编制。“货物损失报告”应如实记载损失货物及有关方面的当时现状，填写字体要工整清晰，项目各栏填写齐全，并应由编制人本人签字。其他参加检查货物（车）的有关人员也应签字，同时注明其所属单位名称。货物损失报告有涂改时，在涂改处应加盖编制人员的人名章。

货物损失报告由货运值班员审核签字后，连同收集的施封锁、现场影像等相关资料，一并交货物损失处理人员。

第三章　专用线监督管理

第一节　专用线培训

企业运输员要经过岗前资格性培训，经考试合格后持证上岗，并定期参加适应性培训，主要内容应包括货物受理、承运、交接检查、监装卸、重点货物装载安全、车辆防溜、人身及消防安全等方面的内容。

企业运输员由职教部门进行岗前资格性培训，经考试合格后分别发放“铁路专用线企业运输员业务培训合格证”并持证上岗。企业运输员的岗前资格性培训内容及要求按《铁路特有工种技能培训规范》、集团公司以及货运站段有关规定办理。

第二节　铁路箱管理

专用线办理集装箱运输时，接轨站应将集装箱装载质量、箱体状态、车辆交接检查和匿报货物品名、夹带危险货物的违约处罚条款等集装箱运输安全内容纳入铁路专用线、专用铁路运输安全协议。

专用线应将装箱照片、磅单、空箱照片等资料及时交接轨站审核，接轨站确认符合安全要求后放行。

第三节 铁路篷布管理

铁路篷布应按规定交接，专用线作业完毕后应及时送回，发生损坏、灭失时按规定赔偿。装车苫盖篷布和篷布绳网时，应严格执行货车篷布和篷布绳网苫盖标准。

到达专用线的铁路篷布，自货车调到交接地点次日起，2日内由收货人将铁路篷布送到车站指定地点。收货人未按规定日期将铁路篷布送回的，按规定核收货车篷布延期使用费。

专用线使用铁路篷布时，由托运人凭车站填制的“货车篷布交接单”到车站领取。“货车篷布交接单”保管期限为1年。

第四节 施封锁管理

车站对施封锁应建立保管、请领、发放、使用、销毁或回收制度，严格做好去向登记。编有记录的施封锁，卸车站均自卸车之日起保管180日后方可销毁。未编有记录的施封锁保管30日后，方可销毁或回收。有源电子施封锁还应按时返厂。

第五节　运输安全协议

专用线产权单位办理铁路运输业务须签订运输安全协议，于每年年底前签订次年度专用线运输安全协议。

使用标记为B的专用线办理共用业务时，须由专用线单位申请，经车间、货运中心审核后报集团公司货运部，经货运部审批公布后签订共用协议。

使用标记为C的专用线共用，由共用单位、产权单位签订协议，并报接轨货运站备案后执行。

专用线运输安全、共用协议不得跨年度。

专用线产权单位名称变更后，须重新签订运输安全及共用协议；专用线共用单位名称变更后，须重新签订共用协议。

办理危险货物运输的专用线，还应按铁路危险货物运输规定提供有关证明文件。

第四章　事故案例与问题解析

第一节　事 故 案 例

一、一般 B 类事故

【案例 4-1-1】2009 年 11 月 17 日 16 时 40 分，某货物列车（编组 51 辆，总重 1 159 t，换长 62.5；全列空车）机后第 26、27、28 位三辆车脱轨。直接经济损失 57.7 万元。经救援 21 时 50 分起复，22 时 30 分线路开通。构成铁路一般 B 类事故。

原因分析：(1)翻车机在卸车过程中未将列车第 25 位、26 位空敞车内的冻煤清理彻底，剩余冻煤严重偏载，经过 300 m 小半径曲线时，偏载位置处于曲线内股，致使列车第 26、27、28 位三辆脱轨，是造成本起事故的主要原因。

(2)专用线货运员路企交接检查不到位，未发现问题，专用线安全监管不力，是造成本起事故的重要原因。

【案例 4-1-2】2019 年 2 月 26 日，某专用线调车推送作业时，货车（空车，C_{70H} 1505591）将车站一名货运员左小腿刮伤造成骨折。经安监部门调查认定当班专用线货运员在检查货位能否满足正面吊作业需要时（属于专用线企业运输员的职责),没有瞭望,身体侵限,被调车推进的第一辆车刮伤,构成铁路交通一般 B 类事故。

原因分析:事故暴露出专用线货运员对自身工作职责不清楚,按照规定专用线货车对位工作由企业运输员完成,违规代替企业运输员履行货车对位工作,同时上线作业劳动安全意识不强,调车作业过程中未认真瞭望,没有保持安全距离,是造成本起事故的主要原因。

二、一般 C 类事故

【案例 4-1-3】2012 年 5 月 4 日 7 时 30 分,某货运列车运行至某站内因机后 30 位棚车车底木地板严重破损,装车单位装车时明知道车地板有破损,盲目装车,承运站货运员与企业交接车辆检查处理不认真,造成车内装载货物(化肥)运行途中脱出,构成铁路交通一般 C 类事故。

原因分析:选用车辆不当,装车单位装车时明知车地板有破损,盲目装车;承运站货运员与企业交接车辆检查处理不认真,致使“带病”货车上线运行。

【案例 4-1-4】某专用线使用自备集装箱装运煤炭(X_{6K} 5222943),因运输途中箱内(TELU2308592)装载的煤炭发生自燃,将箱底烧穿(破口约 500 mm×450 mm),煤炭向外撒漏,构成铁路交通一般 C 类事故。事故暴露出装车专用线单位和车站对煤炭运输火灾危害性认识不够,对煤炭自燃防控措施落实不到位等问题。

原因分析:事故暴露出专用线单位和车站对煤炭运输防止自燃的安全措施落实不到位,没有加强对煤堆温度的检查监测，未加强对煤炭自燃的隐患排查整治工作。

三、一般 D 类事故

【案例 4-1-5】2018 年 8 月 8 日某专用线计划装载 20 车盘条，因专用线作业人员未核对车号，未清点装车辆数，实际装载了 21 车，比计划多装 1 车，交接检查时专用线和车站都未发现，将重车当空车挂出，构成铁路交通一般 D 类(D10)事故。

原因分析：事故暴露出专用线单位和专用线货运员交接检查不到位，未发现问题。

第二节　问题解析

一、车辆使用

1. 某站为专用线拨配 20 辆敞车，其中一辆如图 4-2-1 所示，专用线认为车辆不能装车，要求补配一辆，专用线要求是否合理？

图 4-2-1　图例 1

答:专用线要求合理。依据一为《铁路货物运输规程》第二十五条:“承运人应拨配状态良好,清扫干净的货车装运货物。装车前,装车单位应对车厢的完整和清洁状况进行检查。”依据二为《关于印发提高铁路货运服务质量“百点行动”方案的通知》附件第33项,针对“部分货车存在撒漏问题,既造成货物损失,又污染环境”问题项点,装车时合理选择技术状态良好的货车。车站应积极组织为专用线补配一辆技术装态良好的车辆。

2. 如图4-2-2所示,装运煤炭的车辆,存在哪些问题,违反了哪些规定?

图4-2-2 图例2

答:(1)中门轴折页损坏。

违反了《铁路货物运输规程》第二十五条“承运人应拨配状态良好,清扫干净的货车装运货物。装车前,装车单位应对车厢的完整和清洁状况进行检查”之规定;违反了原铁道部运输局《关于治理散堆装货物撒漏确保运输安全的通知》(运营货管电〔2008〕2129号)电报的有关规定:装车站要严格遵守“货车使用限制表”和铁道部相关规定，禁止使用技术状态不良（尤其是车地板、车门、车窗等技术状态不良）的货车。

（2）没有清理中门折页圆销（货车车外）上的残留物。

违反了原铁道部运输局“关于治理散堆装货物撒漏确保运输安全的通知”（运营货管电〔2008〕2129号）电报的有关规定：装卸作业完毕后，托运人、收货人、装卸车单位在装卸车作业完毕后，要及时清理货车上的残货和杂物，尤其是对车体外部、车钩、手闸台等部位的清理。

3. 如何开关敞、棚车车门？

答：（1）开关车门须使用拉门绳，迎面禁止站人，禁止手扶、肩靠门框直接推拉车门，防止车门落下或货物溜下砸伤。禁止用手推车、叉车等装卸机具顶撞车门。不得擅自拆卸车门、车窗。

（2）开启棚车车门前，要先检查确认门鼻、滑轮、轮槽无损坏、出槽及其他异状，再用拉门绳将门拉开小缝，检查车内货物有无倒塌，确认车门无脱落危险后再将车门开到最大，然后翻转门柱上的车门止铁，阻挡车门滑动。关车门时，也要先检查后用绳拉。禁止从棚车窗口装卸货物。

（3）敞车中门开启后，须固定牢靠。开启敞车下侧门时，应用拉门绳从车上拉起，将下侧门折页上的挂环挂到上侧梁的挂钩上，或用支门器支开、车门卡卡牢，不准掩夹石块等物，车上人员要防止车门开启后随货物滑落。开关敞车车门必须逐个地开关。开关下侧门时应做好呼唤应答，确认门下无人后再开启或放下；关闭中门，须确认闭锁可靠。进出敞车车厢应从中门进出，不得从开启的敞车下侧门钻进钻出。

4. 现有一辆装运硫酸的罐车，在车站停留时发生泄漏，车站应如何如理？

答：(1)车站应立即启动应急预案，迅速向车务站段、铁路局集团公司危险货物运输应急领导小组、货运部、调度、地方政府及公安、消防、环保、卫生防疫部门报告，速请熟悉货物性质及罐体构造的部门协助处置，并派人到路口引导施救人员。

(2)联系发站及相关部门，了解货物性质，以便采取防护措施。与公安部门配合，对事故区实行封锁，严禁无关人员接近事故区，组织人员向逆风方向疏散，用沙土垒固泄漏货物，防止硫酸流入水域。

(3)配合专业施救队伍进行施救工作。经抢险施救单位确认事故区域不具有危险性，由环保部门对施救现场进行环境检测，确认无危险后，下达解除封锁命令后，解除封锁。

(4)估计损失款额达到一级损失时，应在 1 h 内逐级报告，在 24 h 内向有关车站、直属站段、铁路局集团公司和有关铁路公安部门以电报形式拍发“货物损失速报”，抄送国铁集团货运部。事故处理后，及时向车务站段、铁路局集团公司上报“危险货物运输事故分析报告”。

二、押运

A 站某专用线装 6 车硝酸铵到 B 站，派押运员 3 人，试说明专用线派的押运人数是否符合规定？A 站在硝酸铵押运方面应如何把关？

答：(1)根据《铁路危险货物运输管理规则》对同一托运人、同一到站押运方式、车辆及人数的规定，装运硝酸铵的车辆，4 辆以内编为 1 组，每组 2 人押运；2 组以上时押运人数由铁路局集团公司确定。因此，这 6 车硝酸铵应编为 2 组，应派押运员 4 人。专用线派的押运人数不符合规定。

(2)A 站应从以下几个方面对硝酸铵押运进行把关：

①检查押运员是否掌握所押运危险货物的性质、危害特性、包装容器、载运工具的使用特性和发生意外的应急措施；是否携带所需安全防护、消防、通信、检测、维护等工具以及生活必需品，并按规定穿着印有红色“押运”字样的黄色马甲。押运员身份与携带证件是否相符、“培训合格证”是否有效，是否携带危险货物、火种等。

②对非首次押运的押运员还应检查是否落实区段签认负责制，要求托运人出具“全程押运签认登记表”，对未做到全程押运的，不予受理。

③“押运人须知”应直接发给执行押运任务的人员，不得代签、代收。

三、危险货物罐车

1. 某站在货场内接卸了一车甲醇，货物密度为 804.8 kg/m^3，所用车辆为标重 52 t、容积 60 m^3 的 G_{60} 型铁路产权罐车装运。

问:(1)违反了哪些运输条件?

(2)如使用该车型企业自备车装运请确定充装量。

答:(1)违反办理限制和车种使用:

①办理限制问题:《铁路危险货物运输管理规则》第七十七条规定:危险货物罐车装卸作业应在专用线内办理。站内不允许办理罐车的装卸业务。

②车种使用问题:《铁路危险货物运输管理规则》第七十七条规定:铁路产权罐车限装品名为原油、汽油、煤油、航空煤油、柴油、石脑油、溶剂油、轻质燃料油及非危险货物的重油、润滑油。不得用于装甲醇。

(2)充装量计算:

根据 $0.83V_{标} \leqslant V_{许装} \leqslant 0.95V_{标}$:

①许装体积下限:$60 \times 0.83 = 49.8(m^3)$

②许装重量下限:$49.8 \times 804.8 = 40\,079.04(kg)$

③许装体积上限:$60 \times 0.95 = 57(m^3)$

④许装重量上限:$57 \times 804.8 = 45\,873.6(kg)$

该车最大充装量 45 873.6 kg,最小充装量 40 079.04 kg。

2. 危险货物罐车装卸车作业应重点检查什么?

答:(1)装车前,托运人应确认罐车是否良好,罐体外表应保持清洁,标记、文字应能清晰易辨。罐体有漏裂,阀、盖、垫及仪表等附件、配件不齐全或作用不良的罐车禁止使用。

(2)气体类危险货物充装前必须有专人检查罐车,按规定对罐体外表面、罐体密封性能、罐体余压等进行检查，不具备充装条件的罐车严禁充装。罐车充装完毕后，充装单位应会同押运员复检充装量，检查各密封件和封车压力状况，认真详细填记“充装记录”，符合规定时，方可申请办理托运手续。

(3)危险货物罐车装、卸车作业后，须及时关严罐车阀件，盖好人孔盖，拧紧螺栓，严禁混入杂质。

(4)气体类危险货物罐车卸后罐体内须留有不低于0.05 MPa 的余压。

3. 某站使用铁路产权罐车装运汽油，请指出图 4-2-3 中存在的问题和违反了哪些规定。

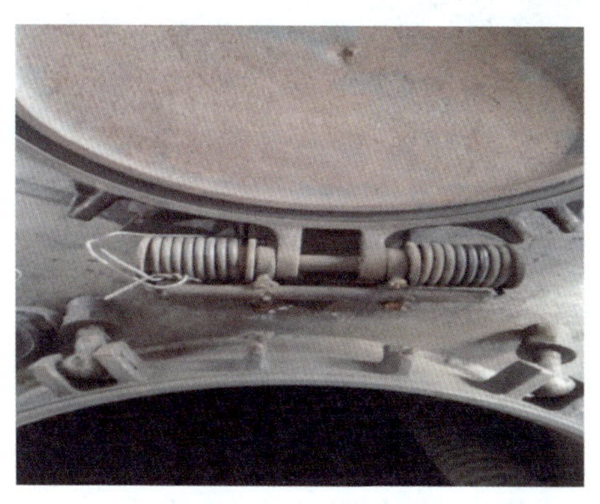

图 4-2-3　图例 3

答：罐车人孔盖作用不良，人孔盖固定座开焊、脱落，运行过程中人孔盖不密封或脱落，造成货物溢出或混入杂质。

(1)托运人违反了《铁路危险货物运输管理规则》第八十四条：装车前，托运人应确认罐车是否良好，罐体外表应保持清洁，标记、文字应能清晰易辨。罐体有漏裂，阀、盖、垫及仪表等附件、配件不齐全或作用不良的罐车禁止使用。

(2)车站违反了《铁路货物运输规程》第二十五条“承运人应拨配状态良好，清扫干净的货车装运货物”的规定。

4. 10 月 22 日某石化专用线装载柴油一车，车号 G70K 6283057。人孔盖如图 4-2-4 所示，问存在什么问题，应如何处理。

图 4-2-4　图例 4

答：顶部人孔盖 4 个螺栓未拧固。

(1)违反《铁路危险货物运输管理规则》第八十四条：危险货物罐车装、卸车作业后，应及时关严罐车阀件，盖好人孔盖，拧紧螺栓，严禁混入杂质。

(2)根据《铁路货物运输规程》第四十八条之规定，应返专用线进行拧固处理，由托运人改善后接收。

四、装载加固

某站装运一车纯碱如图 4-2-5 所示，请指出其违章之处及依据。

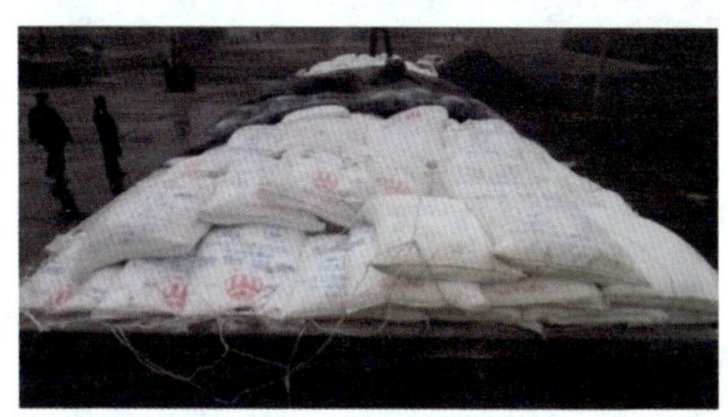

图 4-2-5　图例 5

答：(1)货物堆码不整齐。违反《铁路货物装载加固规则》第二十一条：装载成件包装货物时，应排列紧密、整齐。

(2)货件超出车辆端侧墙顶面未按规定向内收缩。违反《铁路货物装载加固规则》第二十一条：当装载高度或宽度超出货车端侧墙（板）时，应层层压缝，梯形码放，四周货物倾向中间。

(3)上封式绳网未系紧。违反《铁路货物装载加固规则》附件 5：上封式绳网使用时，向上翻起绳网，拉紧系绳，将起脊货物通过绳网上的系绳捆绑成一体。

五、篷布使用

2018 年 12 月 20 日某站专用线装车后，货运人员在交接检查时看到如图 4-2-6 所示情况，专用线未提出过有关篷布的申请，篷布使用是否符合要求，如何处理。

图 4-2-6　图例 6

答：不符合要求。《货车篷布管理规则》第五十一条，自备篷布采用 9 位编号，前 4 位为生产年份和月份，后 5 位为顺序号。《货车篷布管理规则》第五十八条，篷布使用期限一般为 48 个月。超过 48 个月需继续使用的，产权单位须每 6 个月进行一次安全风险评估。经评估可继续使用的，自备篷布由产权单位向铁路局集团公司提出申请，铁路局集团公司同意后方可继续使用。

分析：该篷布应为自备篷布，篷布使用期限一般为 48 个月，2013 年 8 月生产，2018 年 12 日已超过篷布使用期限，又未提出继续使用申请，故该篷布不得继续使用。该车应更换符合要求的篷布。

六、货物堆码

图 4-2-7 是在某专用线检查时所拍到的照片，请指出其所存在的问题。

答：线路旁堆放的货物距离线路安全距离不符合要求。违反了《铁路专用线专用铁路管理办法》“线路两侧

图 4-2-7　图例 7

及站台上堆放的货物，要堆码牢固，便利作业。站台上堆放的货物距站台边缘不得少于 1 m，线路两侧堆放的货物距线路钢轨头部外部不得少于 1.5 m”的规定。

七、装卸作业

1. 某日车站送入专用线敞车 10 辆装运粮食，交接检查时发现其中 1 辆车有残留货物，如图 4-2-8 所示，请问应如何处理？并说明规章依据。

图 4-2-8　图例 8

答：根据《铁路货物运输规程》第二十五条规定：承运人应拨配状态良好，清扫干净的货车装运货物。装车前，装车单位应对车厢的完整和清洁状况进行检查。托运人组织装车的货车，在装车前，发现车内留有残货，应通知车站清扫或处理。

2. 甲站2018年5月6日某专用线到达铁矿渣1车，如图4-2-9所示，车号C_{64A} 4822222，卸后于5月7日转至专用铁路内装运盘条，企业立即组织工人进行作业，全车装载60件，每件1 t，装车后货运员检查装载符合方案规定。该敞车5月9日运行至超偏载检测站经超偏载检测装置检查，发出报警，超载8.9 t，指出存在的违章之处，并说明依据。

图4-2-9　图例9

答：(1)甲站专用线违反《铁路货物运输规程》第三十条“负责卸车的单位在卸车时，应将货物彻底卸净，卸空后的货车应清扫干净”和《铁路专用线专用铁路管理办法》第三十条“卸车后，企业应负责将车辆清扫干净”的规定，导致车内留有大量残货。

(2)甲站专用铁路违反《铁路货物运输规程》第二十五条“托运人组织装车的货车，在装车前，发现车内留有残货，应通知车站清扫或处理”，而企业未通知车站进行处理也未组织人员进行自行清理，直接装运货物，导致该车装车后超载。

(3)甲站专用线货运员未认真落实《铁路货物运输管理规则》第十六条“做好货物码放安全距离、货车清扫、洗刷除污、门窗关闭、篷布使用和保管等情况的检查”的规定，对卸后车辆未认真交接检查，导致卸空不空。

(4)C_{64A} 属于焦炭专用车，不应用于装运盘条，违反了《铁路货物装载加固规则》第十条“未按管理权限经国铁集团或铁路局集团公司批准，各类货车装载的货物不得超出货车的设计用途范围”的规定。

3. 作业人员在货运站系统、集装箱系统发出“可取车”通知后，发现货车不符时应如何处置？

答：作业人员在货运站系统、集装箱系统发出“可取车”通知后，发现货与车不符时，不得作废运单、装载清单或回送清单，在确认货车在本站情况下，由车站按票车不符流程处理。

八、其他安全问题

1. 2018 年 8 月 24 日某专用线使用正面吊卸集装箱(X_{70} 5314739)，因司机操作不当，将车辆吊起，造成防脱阀损坏。

2. 10 月 1 日，某专用线装运的煤炭(C_{64H} 4203541)时选车不当，一侧中门门边腐蚀，装车后车门外胀约 12 mm，货运员交接检查时未发现，运行途中货物撒漏。

3. 2018 年 11 月 27 日某专用线装运的特二空 2 (NX_{17K} 5277433)，其中一个集装箱未卸空，重箱空排造成偏重 13.5 t。

4. 2019 年 3 月 6 日某专用线装载汽油 60 车，货运员在专用线内交接检查时发现其中 4 车螺栓未拧固，通知专用线企业人员整理，但货运员仅凭专用线企业人员口头通知已整理（实际专用线企业人员忘记整理），未进行复查。车辆调入站内后专用线企业人员想起未对问题车进行整理立即向车站报告，车站甩车处理，影响本列。